내 꽃의 열매는 나다, 오늘

박자방 시조집

ⓒ 내 꽃의 열매는 나다, 오늘

지은이 ● 박자방

펴낸이 ● 강옥현

주　간 ● 양재일

디자인 ● 김양길

발행처 ● 도서출판 오감도

초판인쇄 ● 2025년 10월 20일

초판발행 ● 2025년 10월 23일

전화 070-7778-2591 010-3206-2591

팩스 (031) 775-0161

출판 등록일 ● 일제 10-1651(98. 10. 15)

서울시 중구 을지로3가 268 유일빌딩 604호

ISBN 978-89-5698-450-6 03810

값 10,000원

🐾 머리글

　오랫동안 옹알이 같은, 제대로 반죽되지 않았던 마음의 소리들이 제 몸 안의 어느 좌표에서 맴을 돌고 있었습니다. 좌표의 그 경계에 어쩌다 드물게 햇살이 비춰들면 소리들은 어설프나마 씨줄, 날줄로 어우러져 제법 그럴듯한 어휘와 음률을 직조해 내곤 했습니다.

　10년이 흐르고 20년을 넘기는 동안 '열정을 이기는 나이는 없다'라는 말을 마중물 삼아 연필심을 계속 교체하다 보니, 이제는 반죽이 제법 그럭저럭 되고 있다는 생각이 들었고 비로소 민낯을 내어 볼 용기가 생겼습니다.

　등단한 지 올해로 벌써 26년, 忘八을 두 걸음 남긴 나이에 저의 첫 시조집을 세상에 올립니다. 아직도 모자라고 미진한 부분은 시조의 생태적 품성인 운율과 가락이 다담다담 엄마의 자장가처럼 다독이며 채워주고 있다고 생각합니다. 그래도, 한 편 한 편이 제 살아온 날들의 활자 매듭입니다.

제 몫의 성장 나이테입니다. 사금파리, 유리 조각일 수도 있겠으나 평범한 일상에서의 비범하게 반짝였던 순간순간들이기도 합니다.

고맙게도 여기까지 오는 동안 한가지 오의奧義를 깨닫게 되었습니다.

제목 아래 너절하게 늘어져 있던 군더더기와 보풀들을 다듬고 버리고 비우면서, 시조가 품고 있는 함의와 내포는 마치 산수화 같은 여백의 공명共鳴으로 꽉 차 있다는 것을. 공즉시색空卽是色처럼. 또 한 그것은 생애 동안 끊임없이 일어나는 헛된 욕심들을 내치면서 도달하는 도정道程과 같다는 것을요. 나아가 제 문학 꽃의 명함이라는 것을요.

그래도 아직 무지하여 세간의 욕심이 제 무의식, 잠재의식, 표면 의식에 층층이 살아 숨 쉬고 있습니다. 시조집 출간의 의도도 그런 기조 의식에서 나온 소치 아니냐고 자문한 때도 있었지만, 달리 보면 이 출간은 스스로의 변화와 성장을 위한 스스로에게 내미는 초대장이기도 합니다.

등단을 앞두고 유명을 달리하신, 각혈 중에서도 그토록 시를 사랑하신 아버지에게 보여드리고 싶은 늙은 딸의 문학 여정 첫걸음마이기도 합니다.

그래서 앞으로도 시조가 불어주는 바람결 따라 흔들리는 나뭇잎이 되겠습니다. 팔십 평생이 온몸으로 관통한 체득의, 정직한 각인을 펼치겠습니다.

조금씩 움츠러드는 육신을 한껏 펴고 벌써 다음 꽃 피울 준비를 합니다.

우리는 모두 꽃이기에.

1

내 마음의 오아시스

2

새가 되고픈 물고기

3
존재의 새

4

꽃의 나이

1

내 마음의 오아시스

뿌 리

-사모곡-

박 자 방

대 낮에도 깜깜한

하루하루 헤집으며

거친 손발 뭉개진 몸뚱이로

땅 속 물길 찾아내어

자식 꽃

피워내셨네

대신 죽은

당신의 꿈

들국화

별 무리 은빛 날개
채 못 거둔 새벽인데

팔다리 재게 놀려
몸치장을 끝냈어도

눈여겨
보는 이 없어
서운한 가슴이여

미처 여미지 못한
보라색 옷섶 사이

드맑게 구르는 이슬
그 체취 그윽하여

지나던 바람 눈 감고

심호흡을 하고 섰다

수종사 다실水鍾寺 茶室에서

하늘을 두른 솔숲 구비
한식 경 남짓 올라

오백 년 하늘에 놀던
목어木魚와 인사한다

법당 앞 모은 두 손도
법고성法鼓聲에 젖는다

두 강물* 어우러진
양수리兩水里는 한 몸이다

구름자락 살포시 두른
하늘 품에 안긴 선경仙境!

다실茶室에 가부좌 틀고
마음부터 빗질한다

물이 끓는 소리, 소리,
잎 소리 바람 소리

향 한 잔 따러 내어
마른 입술 적시다 보면

어느새 텅 빈 마음속에
법열法悅 가득 차는 소리

* 두 강물 : 남한강물, 북한강물.

내 마음의 오아시스

어깨에 놓인 달빛마저
버거웠던 그날 밤에

홀린 듯 강물 만나서
양손을 적시었네

목울대 차오른 속울음이사
그대로 스르르 잦아들고…

홀연히
강물 퉁기며
솟구치던 은빛 환영幻影

큰 물고기 한 마리
달빛 업고 도약했네

은비늘, 역동逆動찬 몸풀기
그대로 별이었어

첨버덩! 소리와 함께
별은 하늘로 가 박히고

시치미 뗀 강물은
하늘 우러러 고요한데

강 건너 외딴집 불빛이
그제야 눈 속에 아늑하데

내 마음 깊은 곳에
잠자고 있던 푸른 생명

사막 같던 그 하루 접던 밤
신기루로 떠올라서

여지껏 오아시스 되어
맑은 샘물로 출렁이네

첫 목련을 보다

파르르 몸 돌기가 피리 소리로 일어났다

두둥둥둥 심장은 깊은 소리로 울었고

두 눈은

첫 등불 맞아

대낮보다 환해졌다

설경雪景

하느님도 때로는
현기증이 나시는지

만상萬象이 토해내는
어지러운 시위示威에

오늘 낮
큰 붓대 들어
수묵화를 그리셨다

강, 산 그리메

1.

눈물빛 스란치마
굽이굽이 펼쳐서

님의 허리 부여안고
물결로 흐느껴도

젖어든 옷깃 털면서
하늘만 우러르는 님

2.

계절 따라 변덕 부리는
님의 모습 새기고파

제 몸 빛깔도 지워버린
유리같이 맑은 가슴

아! 순정純情

속으로 깊어

천년 세월이 지금, 여기

뿌리 1

　　– 사모곡

대낮에도 깜깜한 속

하루하루 헤집으며

거친 손발 뭉개진 몸뚱이로

땅속 물길 찾아내어

자식 꽃

피워내셨네

대신 죽은

당신의 꿈

뿌리 2

볼 수도
들을 수도 없는
태고의 심연深淵 속을

선승의 구도求道처럼
임 찾아 목숨 걸다가

마침내
화두 깨쳤다
지상에 피운 꽃 한 송이!

숲에 첫눈 온 날

허울 벗고 거품 뺀

나목의 연서 받고

하늘이 맑고 하이얀

서설瑞雪로 답장했다

오늘은

가지마다 오작교

십일월의 칠석날

고드름

투명한 한 방울의
물이었을 때부터

땅 향한 그리움에
하늘마저 거부하고

오로지
님만 바라다가
얼어 내린 사랑이여!

고목

온몸에서 눈물 빠져나와
저리, 마른 몸 되었으리

가지마다 수액 빨아내어
저리, 뒤틀린 몸 되었으리

암癌까지
속살 파먹어도 버티어 내는
뿌리, 아! 울·엄·니.

나목裸木

벌었던 연緣 거두고
칼바람 그대로 맞으면서

빈 가지마다 걸린 눈꽃
화두로 물고 섰다

오도송悟道頌
언제쯤 터질까
저 장엄한 묵언默言 속 새 봄!

시조 한 편 짓기

내 안의
가야금 한 줄
끊어진 지 오래인데

그래도 내재율內在律 찾아
긴 긴 밤 헤매다가

기어코
화음和音 한 곡조
동틀 무렵 탄주 한다

절제된 떨림, 울림이
시조를 닮았기에

서로를 부르는 조調마다
초, 중, 종장 품었기에

열두 줄

다 끊어진다 해도

울리고야 말 시혼詩魂이여!

빨래

망팔忘八 고개 앞두고 돌아본 내 맘 꼴은
추레하고 남루한 옷을 겹겹이 입었더라

죽고서 깨어난다면
빨래 같은 것 되고 싶다

높다란 가시나무 울타리 위에 걸리어
햇살의 포위를 두 팔 벌려 영접하며

말갛게, 눈이 부시게
깨끗해지고 싶다

맨손과 맨발이라 더 빛나는 자유의
한 점 얼룩도 없는 바람과 마주하면

무념의 춤사위 따라

풍경風磬 되어 놀겠다

가을 로그인

사윈 햇살이 기운 돋궈 황금 화살 난사한다
그리운 것들은 모두 모여 금가루를 둘렀다
죄 많은 늙은 영혼도
사금파리로 빛난다

가없는 쪽빛 하늘에 때 찬 낯을 씻는다
귀뚜리 노래에 귓속까지 헹궈지니
마음이 가난해지며
춤이 절로 나온다

고해하지 않아도 투명해지는 이 시공간
홀로 멍든 사람들의
상처도 절로 아문다

가을이 神의 숨결로
주렁주렁 익고 있다

황혼

고갯마루 넘어가는
내 무게는 얼마일까?

짊어진 보따리에
아직도 욕심이 앉아있네

삶이란
꽃과 같아서
떨궈야만 여무는데

옛날 국수집

뒷마당 면발들이 바람을 맞고 있다.
늘어진 햇살 아래 가늘게 매달려서
비우며 단단해지는 삶의 이치 배운다

제 입맛대로 춤추는 바람의 손길 따라
서로서로 부딪치는 담금질로 익어간다
두 뼘씩 끊어 내어도 가지런히 말이 없다

내 말과 글들은 맞는 대로 멍이 들어
길게 늘이기 전에 속에서 끊어진다.
그래서 기웃거리는

바람
햇살
옛 국수집

별

별아, 너는 꽃이다

하늘에 뿌리박은

달빛이 속눈썹 내린

그믐도 깊은 밤에

손끝에

닿을 듯 말 듯

난만히 핀

연꽃 송이

디딤돌, 걸림돌
　−어미의 기도

먼 앞산 봉우리 닮아 푸르게 솟았던 가슴 돌기

한 뉘 한 뉘 눈부시게 자라나던 네 몸 받아 내느라고 한 번
도 보지 못한
내일을 담아 네 몸 덮어주느라고 내 가슴 납작해지고 돌기
들도 뭉그러졌구나

그래도 네 날을 위해
디딤돌로 밟아만 다오

앞만 보며 내닫다가 헛발질로 비틀대던 네가 찍은 발자국
에서 내 나이테를 보았다 어느 시간 결에서 어미는 잔 돌멩
이로 쪼그라져 있었다 잔 돌멩이에 걸려 미끄러졌다는 네
속 말도 들렸다

그래도 네 날을 위해
나를 또 딛고 달려다오

도시의 숨비소리

도시에 내린 어둠은 모든 이의 바다다
소금에 절여진 하루가
꿈속에서 발효되면
저마다 태왁 띄우고
천 길 물속에 녹아든다

물너울 춤사위 따라 전복 찾아 헤매고
목숨줄 잡겠다고
목울대까지 숨 참다가
기어코 뱉어내는 숨

출근길 저 얼굴

輪回

물방울로 춤추다가 먼 바다에 들었다가
언 몸으로 울다가 불길에도 울다가
겨울 산 나목 손끝에
빙화氷花로 핀 물방울!

새가 되고픈 물고기

접 시

박 차 방

섬 하나 떠오를 듯 고즈넉이 앉은 바다
아우성치는 허기마다 만선(滿船)으로 채워주고
하얗게 가슴 사위며
식탐(食貪)도 풀어주고

고단한 한 생애가 실멋줄로 터졌어도
달게 가슴 물어서 머주고 또 내어주는
울엄니 그대로 닮은
기도같은 바다여!

사모곡思母曲

새벽달도 몸 시려서 웅크리던 그맘때쯤
야윈 어깨 이울도록 홀로 짐을 다 지신 채

한평생
살얼음 위를
걸으시던 어머님

호롱불 너울 아래 고독한 밤 태우실 제
헤진 맘 한 땀 한 땀 정성으로 꿰매시며

당신은
그 많은 한을
고이 접어 누비셨네

지난 세월 멍든 가슴 한숨으로 풀리리까
늦깎이 철이 들어 피울음을 토합니다

이제는

효도의 날, 씨줄로

속옷 지어 드리리다

접시

섬 하나 떠오를 듯

고즈넉이 앉은 바다

아우성치는 허기마다

만선으로 채워주고

하얗게

가슴 사위며

식탐도 풀어주고

고단한 한 생애가

실핏줄로 터졌어도

달게 가슴 풀어서

내주고 또 내어주는

울 엄니

그대로 닮은

기도 같은 바다여!

밥 짓기

온 땅이 이슬에 안겨 단꿈 꾸는 신새벽에
오붓한 손길 따라
아궁이가 첫 숨을 틔면

가마솥
층층이 누운
쌀알들이 실눈 뜬다

어기찬 노 젓기가 센 물살을 청하듯이
열기가 속살에 스며
홍수처럼 넘실대면

불 맞은
들짐승처럼
몸부림도 넘치누나

상기도 남은 투정 달래고 보듬으며

소롯이 문을 열면

숨 막히게 벙그는 땅

인간사

불 지피는 대로

익어가는 가마솥밥

갈대 소인消印

1. 강진만 갈대

만灣의 다리 사이에 얌전히 들앉았던
유순한 바다가 뒷걸음질로 나간 갯벌
등 파인 새의 깃털들
빈 하늘 쓸고 있다

발목 잡아당기는 땅심을 달래가며
가느다란 몸피 빼내 나래로 키웠어도
하늘 안 그 안의 하늘은
그림자로만 누워 있고

2. 다산의 노을 편지

열여덟 해 갈대 마디 노을 찬찬이 감치고
염기 실은 바람이 옆구리를 베어내면
가만히 모둠발 서는
글썽이는 고요 한 점

늘그막 쟁여둔 마음 하피첩霞帔帖*에 눌러 담아
갈대 깃털 한 자락 얹어 마현* 하늘로 부친다

잠자던 푸른 묵언이
속 눈 뜨고
하늘 난다

* 하피첩霞帔帖 : 열여덟 해 동안 강진에서 유배 생활을 하던 다산
정약용은 부인 홍혜완이 보낸 치마에 두 아들을 위한 교훈을 적어
서 편지첩帖으로 만듦. 보물 제1683-2호

* 마현 : 다산의 고향. 지금의 경기도 남양주시 조안면 능내리.

인도, 구루의 동굴에서

청옥빛 강물 감고 허리 흰 절벽길을

몇백 리쯤 거슬러 올라 산마루에 안겼다

구름도 명상에 들고 산봉우리마다 좌선이다

존재를 묻기 위해 수행하던 동굴 속은

십여 년간 고행처럼 촛불 하나 타오르고

가부좌 품었던 바위가 아직도 따스했다

천진무구한 영혼으로 깨어있고 싶은데

서산에 해 기울수록 무명無明 또한 깊어지니

무뎌진 칼 다시 벼리면

베어질까 내 안의 나

단풍

봄 여름 다 가도록 가슴 깊이 품었건만

한 번도 곁눈질 없는 무심한 당신이여

이 가을 견디다 못해

심장 꺼내

흔듭니다

물길

돌멩이도 가슴속에선
밤새 쑥쑥 크더이다

바위로 들어앉아
잠을 그예 내쫓길래

맨발에 시름 걸린 채
뜰 앞에 섰더이다

나무 그림자 사이사이
물 흐르는 소리 가득하여

물풀처럼 고개 수그려
물소리 가운데 앉았더니

먼 두메 산골짝에서
갓 태어난 물의 노래!

험한 길 구비 구비
씩씩하게 달려 온

그 노래에 내 눈물 섞어
한 물길로 흐르는 길

바위도 제풀에 삭아
그 물길에 씻기더이다

목욕탕 명상

몸들이 물과 만나 콘서트를 열고 있다
둔중한 몸에 쏠린 물길의 음표들이

처얼썩
낮은 음으로
첼로를 연주한다

돋을새김 갈비뼈 낀 가난한 옆구리엔
건반을 짚어가는 오르간 소리 낭랑하고

텅, 퉁, 탕
몸 던진 대야도
드럼을 두드린다

겉치레 훌렁 벗은 맨몸뚱이 실연實演 속에
갑과 을의 꼬리표도 거품 속에 녹았다

제 악기

정직하게 연주하는

목욕탕은

수행처!

물수제비

글샘 길 막힌 가슴이
마른 논밭처럼 갈라져서

물굽이마다 너울대는
강물 보러 갔었다

그렇게
오래오래 흘렀기에
노래도 그리 깊은 것을

끓는 물처럼 시끄럽던
이 생각 저 생각 고요해져

조약돌 마냥 응축된
시어詩語를 손에 쥐고

통·통·통

마음결 따라

물수제비뜨고 왔다

노을

그림자로 채색된
뒷산 봉우리 너머

하늘이 붓질 끝내고
심장을 꺼내든다

창틀 속
수묵화 한 폭
낙관이 참 벌겋다

석양

무구無垢의 푸른 하늘
종일토록 사모타가

발길 돌릴 무렵에야
살며시 나타나선

홍조 띤 얼굴 숙이며
곁눈질하는
아기씨

잡초

잡초 속에 한 줄기 뻗은
호박잎을 들췄다

아, 하고 가슴에서
휘파람 소리 절로 났다

배불뚝 누런 호박이
세상모르고 자고 있다

살기까지 느끼며
뽑아내던 잡초들도

때론 이렇게 누군가의
보호막이 되는구나

가만히
내게 물었다
잡초만큼은 되느냐고

세월의 뒷모습

여울진 물목 따라 터지던 울음들이
망팔忘八의 주름 속에선 자장가로 흐르네
기억은 지문이 없어
굽이진 노래 되네

올 굵어 뻣뻣하던 옷차례가 눅어지고
불끈 솟던 오기도 꽃 모양 무늬 되네
눈물의 얼룩은 절로
황혼빛에 헹귀지네

저문 날 조요로운 나무의 숨이 되어
고마워라 버텨낸 내 나이테에 입 맞추네
이제사 내 숨결 마디
애기같이 순해지네

음표의 방향

성냥갑 속 성냥처럼 층층이 누운 폐지들
사내의 키를 넘었다 손수레가 출렁이고,
비탈길 오르는 뒷모습
낮은 음자리표로 깔렸다

한낮의 무심이 내린 가파른 고갯길 위
갈짓자로 비틀대던 사내의 발걸음이

꿍, 하고
방향을 튼다
길 휘감고 착지한다

스프링 같은 탄력으로 손수레가 일어서며
사내의 발걸음, 높은음자리표를 연주한다

살다가
힘이 부칠 땐
그렇게, 살짝, 방향 틀 것

빨래

바지랑대 받치고 선
가느다란 줄 위에서

육신이 빠져나간
흔적을 펄럭이며

바람결
무늬 따라 춤추는
자유로운
영혼이여!

돌의 시간

밤새도록 산고 겪은 강물이 그를 낳았다

눈물과 피의 깊이가 그의 몸이 되었다

혼자된 굵은 슬픔은 무언으로 잠재우고

천둥의 회초리에 온몸이 멍들어도

눈비와 바람에 휘둘리고 찢어져도

실핏줄 하나로 이어 푸른 시내 키웠다

떠날 때를 아는 강물이 바다 향해 길을 틀면

물고기의 심장으로 따라가고 싶었지만

다독인 울음은 굳어

먹빛 사리 되었다

울지 않는 종鐘처럼 시공을 떠난 마음

낮은 땅에 누웠어도 하늘만 바라본다

언젠가 성불하리라

천년 인고忍苦의 시간 딛고

새여

초록빛 꿈을 싣고 시간을 파도 타며
점 하나의 자유로 온 세상을 휘젓는
양 죽지 한껏 눈부신
하늘에 핀 노래여!

바람이 지휘하는 오케스트라 선율 속
천지간 누비는 신이 초청한 가수
세상사 노래 다 따먹어
그리 고운 울음 울까?

이순 한참 넘겼어도 허기만 부여잡는
서러운 잠 달래며 꿈속으로 잦아든다

오늘 밤 새로 날으리

어둠 쪼며 노래 부르리

갯벌

썰물이 휩쓸고 간 해안가 속 그림자

태양볕에 그을려 시커멓게 탄 가슴을

호미든 욕심들 모어

생채기 덧내고 있다

할퀴어지고 밟히어 가슴골이 빠개져도

수평선만 기리는 그 마음에 흠뻑 젖어

밀물이 이름표 달아준

환생의

새 바다여!

명상

가지 친 번뇌들이 균열로 벋어나간
내 마음 그릇엔 흙탕물이 일렁거려

한 번도
본성本性의 달이
떠 오른 적 없었다

깊은 밤 가부좌하고 호흡을 응시하면
떠돌던 사념들이 시나브로 가라앉고

조금씩
조금씩 에고의 그림자가
모습을 드러낸다

찰나에 내 가난한 그릇에도 달이 둥글게 떠 올라서
꿈인 듯 생시인 듯 안을 반짝 비췄는데

욕심이

유년의 꿈을

목 조르고 있었다

새가 되고픈 물고기

발자국 하나 없는 저 무한한 광장을
쉬지 않고 길을 내고 낸 길을 또 지우는
하늘 속 그 깊이만큼 꿈을 지니고 있는 새!

내 피 속에서 숨 쉬는 물고기 한 마리
수면 위를 스치는 새의 그림자 좇아
쉼 없는 지느러미로 한껏 파닥여 보았고

확연히 나누어지는 시간과 공간 사이
물에 뜬 구름 위로 힘껏 솟구쳤어도
애착이 크면 클수록 추락 또한 깊었다

열매가 익으면 떨어지는 이유 알겠다
몸부림치다 발견한 낮고도 낮은 길

경계가 뚫리는 깨우침!
내 물고기는 이미 새다

가을의 헛발질

낳고 보듬어 키운 자식
보낼 곳 어드멘가

지상에 핀 꽃 발들이
골대 찾아 헤매다가

마침내 슛은 날렸는데

아! 밤 줍던 줍다
내 바지에

꽃샘바람, 꽃 셈 바람

반 뼘 남은 겨울 꼬리 미련 남아 움켜쥐고
꽃 피면 제 존재가 사라질까 두려워서
그렇게 부는 세찬 오기傲氣를
꽃샘바람이라 불렀다지

동토에 발목 잡힌 꿈들이 다순 바람에 깨어나서
언제쯤 꽃 필까 셈하는 또 다른 바람 이름
손가락 꼽으며 기다리는
그 이름 꽃 셈 바람

대문 밖을 포위한 병마病魔의 저 바람* 뚫고
그대의 마음은 어느 이름에 가 닿는가

꽃셈은 꽃의 샘으로
피어나리
이 봄에

* 코로나

어스름

온종일 기세 좋게 끓여대던 화기火氣가

시나브로 숨죽이며 밥 뜸 들이는 이 시간엔

찰진 밥

되었나 싶어

내 나이 돌아본다

모기

허공에 메아리치는 진격의 나팔 소리
귓속까지 파고드는 자식 위한 몸부림

그래, 나
너와 같은 어미다
손깍지 끼고 눈 감다

홍시

지나간 상처들이 단맛으로 익고 있다

떫은맛 철이 들어 달디단 맛 홍시 되듯

홍시도 알고 있는 걸

여태, 왜, 난 몰랐을까?

지상의 제일 아름다운 마을

─한려수도 1

이 세상 제일 잘난 땅덩이들

한데 모여
푸른 바닷물 둘러

얕은 담을 쌓았다

하늘도

그림자 접어

거울로 안는

섬마을

3

존재의 새

존재의 새　　　　　박자방

이 세상으로 날 불러준이 누구일까
부대낀 세월만큼 화두도 깊어져서
1마는 문 빗장 지르고 가부좌 틀어 앉았네

철썩대던 호흡이 시나브로 가라앉고
깊고깊은 바다 속 고요히 응시할 때
불현듯
맑은 물 위에
비쳐진 새 한마리

죽지접고 정신 없이　　　먹이만 쪼아대는
비상(飛上)할　　　　　　하늘마저
까맣게 잊어버린
새 라고 부를수도　　　없는
그런 새 한마리

부끄러움 한 자락 연기처럼　　번지는 데
그 새를 지켜보는 또 다른　　새가 있네
이 삶에 나를 초대한
바로 그 존재의 새!

거미줄

누군가
허공에서 이력서를 쓰고 있다
생의 굴곡 따라 씨줄 날줄 이어진
공중에 걸린 길들이
바람결에 흩날린다

지상에 발 못 내리고 천지 사이 배회하며
식은 핏줄 짜내어 온몸으로 쓴 내력
눈여겨 보는 이 없어
물기조차 달아난다

낮에는 해 그림자 밤엔 혼자 달빛 내려
이력서 빈칸마저 허공으로 흩어질 때

한 마리 벌레의 자화상

제 몸을 묶고 있다

등신불等身佛

앞마당 꽃사과나무 화엄華嚴을 둘렀다
수십 개 손가락마다 붉은 열매 다닥다닥
동공이 한 바퀴 돌다 입이 절로 벌어진다

대문 밖은 적막조차 숨죽이고 고요한데
기웃대던 새 한 마리 소문을 퍼뜨려서
온 동네 새들 죄 모여 잔치가 한창이다

살과 뼈를 내주어 기꺼이 공양하는
열 살 먹은 나이테에 망팔忘八 나이 부끄럽다

저녁놀 장삼을 걸친
등신불을 보았다

건달과 맞서다

인도의 하늘에서 예향藝香 먹던 건달바*여
별난 내음 맛보려고 이 땅에 내려왔나
온 사방 휘젓는 꼴이 정녕 건달답구나

햇살도 노을도 막고 어둠으로 들어와서
문패는 아랑곳않고 이 집 저 집 들이닥쳐
몸주인 얽어 묶은 뒤 주인행세 신났구나

내 눈물로 콧구멍 막아 후각을 재우고
천 리 길 내달린 혀도 눈을 감게 하더니
망팔望八이 앓는 소리엔 춤사위를 벌리네

귓속엔 비명 지르는 피리 소리 가득 차고
머릿속은 뿌연 안개 맴돌며 흐르는데
불안한 심장박동은 타악기로 요동쳤지

이 몸의 아픈 노래 그리 오래 듣고도
또 어느 음률이 사무치게 그리운가
갈 지 자 흥얼거리며 옆 동네를 헤살대네

겉멋만이 가득 찬 한가로운 건달이여
스스로는 아픈 줄도 모르는 병중이여
모름이 병인 것조차 모르고 있는 무지여

피할 수 없다면 버텨내야 하기에
살 속 뼛속 질긴 뿌리 더 꽁꽁 싸맸더니
코로나 가고 말았다 건달과 맞서 이겼다

* 건달바乾闥婆 : 산스크리트어 gandharva의 음사. 제석천帝釋天
의 음악을 관장하는 신으로 향기만 먹고 살며 공중을 날아다닌다
고 한다. 불교 의식에 따라 연주하는 악사의 총칭을 뜻하나 세간
에서는 할 일 없이 빈둥거리는 사람을 일컫는 부정적 의미로도 사
용한다.

존재의 새

이 세상으로 날 불러 준 이 누구일까
부대낀 세월만큼 화두도 깊어져서
마음문 빗장 지르고 가부좌 틀어 앉았네

철썩대던 호흡이 시나브로 가라앉고
깊고 깊은 바닷속 고요히 응시할 때
불현듯 맑은 물 위에 비춰진 새 한 마리

죽지 접고 정신없이 먹이만 쪼아대는
비상飛上할 하늘마저 까맣게 잊어버린
새라고 부를 수도 없는 그런 새 한 마리

부끄러움 한 가닥 연기처럼 번지는데
그 새를 지켜보는 또 다른 새가 있네
이 삶에 나를 초대한 바로 그 존재의 새!

숯

내 푸른 소망이야
연기로 스러졌어도

그리움 하나 검게 탄 채로
육신에 남아 있어

언젠가
타오르리라
그대 앞에서 활활

양평에서 살기

뉘라서 붓 끝에
양평을 그렸을까?

태초의 고요 속에
아련히 산이 뜨고

에돌아 산허리 품고 흐르는
강물, 그 은린銀鱗의 미소

시샘 없이 푸르른
하늘과 땅 사이

백로 한 쌍 펼쳐내는
춤사위 속에

연꽃은 또 쉬임없이
피었다 지고 피고

한 호흡 따라 차오르는
달디 단 생기生氣 속의

나, 그런 양평에서
살아가는 중이다

단 한 번 허락된 삶을
살고 있는 중이다

감자밭에서

갈무리한 흙 가슴에 호미 손길 넣자마자

늙은 에미 그믐달 젖에 주렁하게 매달린

여섯 남매 어린 자식들 낮별로 반짝인다

두더지 같은 촉수로 땅 알갱이 거두어

속창시 사랑 보태 이리 살들 찌웠구나

쭈굴한 심장에 깃든 보름달 미소 향기롭다

돌자갈 뛰어놀던 묵정밭을 일구며

내보내는 것들은 땀과 눈물뿐이던

울 엄니 묵힌 말들이

알감자로 환생했다

이륙

발목 잡고 늘어지는
모진 인연 끊으려고

몸부림을 치면서
달리고 또 달리다가

마침내
솟구쳐 오른
저 눈부신
포·기·여

* 부족하지만 이 시를 이거룡 박사님께 올립니다. 박사님의 강의를 듣고 일어난 감동의 물결이, 어느 날 마음의 백사장에 절로 이 시조를 썼습니다.

점점 산으로 간다

칠순 넘기고도 불어오는 된바람에 맞서다가
그대 언저리 끌어당긴 마을의 품에 들고서야
이 삶을 꽉 움켜잡은
손아귀 절로 풀리더라

숨 돌아오며 잠겼던 속눈 훌쩍 트여
그대 등뼈 헐어낸 치마폭이 보이고
뼈 구멍 솟은 눈물은 여울로 흐르더라

직선으로 달려오던 신작로도 순해지고
봉우리마다 신이 계셔 겸허도 엎드린 곳
고운 집 한 채 올리어 공양하고 싶어라

그대 그리매 산대추마냥 쪼글쪼글 늙게 되면
멧새 소리 그득하게 귓속 먼지 거두고
봉긋한 울 엄니 뱃속에서 순해진 눈 감으리라

요리하다

바늘 끝 시선이 출생일을 점검하면
손바닥 저울은 속 나이테 헤아린다
셈 치른 비닐봉지가 느긋하게 늘어진다

물세례 맞는 동안 고향은 간데없다
켜켜이 두른 껍질들 숙명으로 벗겨지고
숙연히 입정入靜 들어간 알몸들이 박속 같다

도마를 정갈히 씻고 벼린 도를 치켜든다
살심殺心 버린 성숙한 춤이 편 편을 꽃 피운다
끓이고 삶은 불꽃이 다비식을 치른다.

깊숙하게 똬리 튼 번뇌는 증발했다
생이 생을 되살려낸 밥상은 천국이다
그렇게 수행 중이다 요리하며 익어간다

보슬비

마른 잠에 스며든 마음 줍는 속삭임
청솔가지 알몸의 살 내음을 풍기며
늘씬한 물비늘들이 마른 대지를 적신다

목울대 감은 목마름이 시나브로 풀리고
씨앗들 핏방울 돌며 푸름으로 일어설 때
기꺼이 공양 바친 그 하직한다 세상을

보아라, 하늘도 조의弔意를 표하는지
수행의 메아리처럼 무지개가 떴구나
세상의 모든 연잎마다 눈부시다 은빛 사리

김매기

호미 날 다 닳도록
뿌리마다 뽑아 채고

무수히 베어내며
죽이고 또 죽이는

여름은
푸른 피 비린내
진동하는
전쟁터

밤벌레

잘 익은 밤 한 톨 주워
한 입 깨무는 순간

밤벌레 한 마리 쏘옥
고개를 내밀었다

서로의 놀란 눈빛이
상대방을 읽어낸다

껍질 속에서 꼬물댐은
너와 내가 다름없지

아, 누구 내 껍질도
부숴 줄 이 없을까

한 번만! 벗어보고 싶구나
이 눈부신 푸른 긴장

노숙露宿

내 수염은 레이다로 사방을 훑었었지
천千의 발들 모아서 세상을 헤엄쳤지
쓰러진 시간들 모아 쪽잠만 자도 좋았지

파도의 갈퀴를 뛰어 넘고 버티다가
언제부턴가 모진 손길에 가슴이 꿰인 것은
그림자 깊은 세파에 쓸려 익사하고 만 것은

남루 가슴 비치던 등대 불빛도 눈을 감고
머리와 무릎 붙인 굽은 등들이 누워 있다.
서울역 지하도 귀퉁이 죽음 같은 새우잠

눈에 대한 오마주

지상의 슬픔 안고 하늘이 수태했네
어둔 세상에 나온 당신 몸은 꽃송이
허공의 배를 가르고 하얀 몸이 나왔네

나비처럼 내려앉으며 당신은 알았겠지
존재는 언젠가는 소멸한다는 진리를
지상이 무덤이 되고 무덤조차 녹는 것을

그래도 누군가의 마른 가슴에 스미어
채 잊지 못한 아픔들 달래어 주고파서
피멍 든 흔적까지도 지워주고 싶어서

한 가닥 실핏줄까지 사랑으로 끊어내어
자신의 무덤 자리에 온몸을 내 던진
이 겨울 하얀 순사殉死에 두 손 모아 합장하네

촛불

살 맞아 허우적대던 어둠을 죄 떨쳐내고
살과 뼈와 넋까지 심지 속에 묻었는데
누군가 묵은 슬픔에
첫 불씨를 당겼네

제 몸이 제 몸 태우는 운명도 천명이라고
섧디 섧은 세상에서 스스로를 녹인 공양
흥건한 눈물 속에서
상처는 꽃으로 피네

빈 몸이 될 때까지 밤새 사룬 심지를 딛고
일렁이는 빛살 따라 등천하는 연꽃 송이
촛불아 어느 사랑이
너보다 더 곡진하랴!

풍경風磬

눈꺼풀이 없어서 눈 감을 줄 모르고

부릅뜬 두 눈으로 허공만을 응시하네

물 없는 파도를 타고

조요로이 헤엄치며

외진 산속 호젓한 암자 처마 아래 붙들린 건

잊었던 길 찾아야 하는 전생의 업보인가

가끔은 목 놓아 우네

청동 물고기, 마른 가슴 드러내고

습작

월척은 아니어도 초장初章, 중장中章은 낚았는데
종장終章은 입질만 잦아 한밤을 꼬박 밝혔다
동트는 하늘에 잠긴 두 눈은 이미 충혈이다

짜낼 것 없는 가슴엔 이제 한 글자도 못 심지만
흔들리는 찌 바라보며 물고기 호흡 읽다 보면

언젠가
대어 낚으리
등 푸른 시어詩語 건지리

저 혼자 깊어지는 강

이렇게 흐르는 것은 겉이구요, 미래에요
가슴속은 퇴적된 과거로 차 있어요
한때는 어느 누구의 소중한 보물이었던

귀 떨어진 창틀과 입 벌린 가죽지갑
이끼 붙은 펜단트, 혼자 남은 운동화가
서로를 품지 못했던 옛이야기 풀어내요

강물은 흐르면서 속주름을 펴지요
흘러야 목숨이 되는 이치를 아니까요

그렇게 아무도 모르게
저 혼자 깊어져요

김매기

호미 날 뭉개지도록
뿌리마다 뽑아 채며

무수히 베어내고
죽이고 또 죽이는

여름은
푸른 피비린내

진동하는

전쟁터

두물머리 돌멩이의 노래

산비탈에 수굿이 앉아 해바라기 즐기다가
태풍 발길에 차여 낙엽처럼 굴렀지요
그러다 정신 차린 곳 두물머리 강가예요

살 뜯어진 아픔 따라 흐느끼고 있는데
누군가 상처 보듬고 자장가를 불러줘요
스르르 잠든 귓속에 메아리처럼 은은했죠

힘센 것들은 힘만큼 힘을 휘두르지만
여리고 부드러움은 세상을 껴안아요
어느새 둥글 둥글게 내 몸도 순해졌죠

마음에 모남 없으니 사람 얘기 들리데요
이제 막 날 세우고 등 돌리던 두 연인

한 번 더
이 강에 서면
포옹하게 될 거예요

4

꽃의 나이

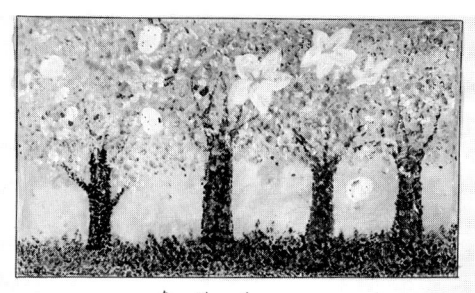

4월산
박자방

시장터 한오둥이 뻥튀기 기계앞에
오뉘같은 초로의 내외 둥구를 둘린다
양키엔 바늘끝같이 긴장이 몰려들고 …

뻥! 하고 쏟아지는 벗꽃같은 강냉이에
먼산의 나무들도 뻥! 뻥! 꽃잎을 터뜨린다

비로소
뻥튀기 하는
4월산을 보았다

들꽃 1

풀밭 귀퉁이 비집고
몸 올려 핀 들꽃은

처음 만난 누군가에게
온 향기 주고 싶다 하네

눈 맞춘 그 사람에게서
첫 이름 받고 싶다 하네

들꽃 2

뼈대는 없으나 힘줄만은 질겨서

밟히고 문드러져도 깨어나는 더운 목숨

아픔도 꽃으로 앉혀

온 들판이 사랑이다

풀밭 이슬

여명이 가슴 적셔 푸르른 옥구슬은
풀잎마다 밤새 걸러낸 속사랑의 결정이다
밟히고 뜯긴 상처를
심지로 켠 등불이다

아침이 강을 건너와 한 줌 햇살 밝히면
가야 할 때 아는 듯이 스스로를 지우누나

아픔도
승화시키는
한 생애에
묵례한다.

풀밭에서

하늘 닮은 푸른 얼굴

반기는 그곳에서

몸 마음 고요히 내려놓고

스스로에게 속삭인다

삶에서

행복한 일은

풀물 드는 일이라고

용문산 반딧불이

밤그림자 짙어지는
산자락에 들어서니

예서제서 꽃등불
나비처럼 날더군요

별님들 한 무리 내려와
무도회를 연 거래요

검정고무신 벗어들고
피라미 잡던 옛날 생각

마음의 신발짝 손에 들고
별꽃 따러 맴돌았죠

어느새

마음바다에

등대 불빛 환하네요

설화雪花

밤새 별빛 우러른
또랑한 솔잎새들

하얗게 튀어오른
햇살들 군무群舞에 맞추어

휘파람
한 소절 불고 있다
메아리가
눈부시다

염전에서

손톱 만 한 그늘도 없다
소리마저 증발했다

여름 해만 보초처럼
지키고 섰는 삼만 평 밭

오롯이 순정한 꽃들이
뿌리 없이도 눈부시다

4월 山

시장터 한 모퉁이
뻥튀기 기계 앞에

오뉘 같은 초로의 내외
풍구를 돌린다

양 귀에 바늘 끝같이
긴장이 몰려들고

뻥! 하고 쏟아지는
벚꽃 같은 강냉이에

먼 산의 나무들도
뻥! 뻥! 꽃잎을 터트린다

비로소 뻥튀기하는
4월 산을 보았다

꽃

메마른 입술을
결로 갈라놓으면서

사랑처럼 은근슬쩍
달아오르던 미열이

기어코
터졌습니다
각혈하는 봄·날·들

추사秋思

눈길이 닿는 곳에
고운 물감 묻어나고

벽공碧空 닮은 강 여울엔
목선木船 하나 흔들린다

먼 고향 산자락 하나
솔빛 둘러 애잖고

쨍하니 금이 갈 듯
아스라한 창공인데

갈잎의 어깨 사이
대추알이 기웃하면

서러워 감은 눈에도
차마 눈물 보일까

이저리 휘돌아도
거처 없는 한 생인데

담담한 아미蛾眉 들어
먼 하늘 우러르면

억겁을 맴도는 한이
가슴속에 머문다

찔레꽃

꽃으로 누리던 짧은 행복
소중히 보듬어서

꽃 떨어진 자리마다
푸른 열매 돋아났네

새들은 볼품없다고
눈짓 한 번 없었지만

그래도 더 소중한 무엇 기다리며
견디어 낸 시간들이

군더더기 하나 없는
맑은 열매로 빚어져서

찔레꽃, 제 삶을 사랑한
빨강 보석으로 맺혀져서

오월 숲

온 세상이 바다로구나
파도가 들썩거린다

등 푸른 고기떼가
지상으로 몰려와서

비린내
초록 비린내 풍기면서
분탕질도 요란쿠나

모정 母情

에미가 되었기에

젖 먹던 힘 다 짜내어

그악스레 붙들고 있는

바위 같은 자식새끼

자르기 두려워진다

늙은 호박

탯줄아!

꽃의 나이

은하 너머 맑은 밤의
낙루落淚로 한을 씻고

보라색 저고리 옷섶
단아하게 여미는

꽃에게
내 나이 얹었네
망팔忘八되어 벙그는

어스름 꽃으로 피는

한낮 푸른 기운 아슴푸레 남아 있고
저녁 그림자 슬며시 한 발 들여 놓은
어스름
이 저녁이사
내 고향과도 같은 시간

고개 반쯤 돌리면 지난 세월 보이고
다른 쪽 돌아보면 남은 날들 보이는
한 생生이
눈에 안기는
바다와 같은 시간

오래 묵었던 감정 절로 삭아 내려가고
무엇이 들어와도 다 소화해 낼 것 같은
어스름
이때쯤이사
내 삶의 꽃이러니

첫 진달래

연옥빛 하늘 아래
은빛살 풀어질 제

눈망울 스친 곳마다
붉은 열기 피었는데

온 산에
점점이 찍힌
내 딸아이 초경이구나!

풀 먹인 꿈

냉장고 한 귀퉁이 내쳐졌던 찬밥 덩이
뭉근하게 끓여서 고운 체에 받쳐내어
모시옷 자락 올올이 스미도록 부비면

모시옷, 풀 잔뜩 먹고 잃었던 젊음 찾겠지
몸 갈기 빳빳이 세워 누군가의 결기 되리
찬밥은 제 몸 내주어 어떤 이의 꿈도 되리

겨운 짐 어깨 눌러 등도 굽은 망팔忘八인데
풀기 눅은 맘 추슬러 마지막 힘 짜내어
다가올 인연 뉘에게
풀 먹인 꿈 심고 싶다

담장마다 패션쇼

남녘에서 마실 나온 마파람 한줄기가
분홍 입술 재게 놀려 귓속말 풀어 놓네

'아랫마을은 온 들판에 무지개가 춤을 춘대'

지난겨울 동토에서 바장였던 꽃 꿈들이
일제히 초록 귀 세워 얼굴을 내밀더니

요 며칠 울 동네 담장은
패션쇼가 절정이다

달래

상처로 빗장 지른 마음문을 닫은 채로
미처 겨울 못 떠난 언덕배기 오르다가
푸르른 섬광 몇 줄기
가슴이 먼저 보았다

가만히 헤집은 덤불 속이
대낮보다 눈부셨다
어둔 겨울 녹인 빛구슬
등피*마다 별이었다
상처도 별이 된다고
달래가 나를 달래었다

* 등피 : 달래의 뿌리를 일컫는 우리말

어느 여인의 벽 꽃

장독대 수줍던 꽃 반달 손톱 물들이면
열아홉 그녀의 꽃불 지핀 가슴에
이슬 벽 튕긴 햇살은 무지개를 그렸다지

꽃불은 스러지고 심지만 검게 남아
허기진 세월의 벽에 그을음만 토하고
가슴은 속울음 따라 시커먼 멍 물들었네

자식도 몰라보는 흰 눈썹 하얀 머리
노파의 갈퀴손이 벽에 생을 덧칠한다
누런 물 쩐 손톱 아래
똥꽃이 피어난다

꽃을 얹은 나이의 시인, 그 시 읽기의 즐거움

박시교(시인)

1.

2000년대로 접어들면서 우리 시조는 소재나 내용 면에서 그 넓이와 깊이를 더하고 또한 질적 향상도 눈에 띄게 발전한 모습을 보이고 있다. 이러한 현상은 자유시의 방만한 시작 태도 즉, 운문의 특성을 스스로 저버리는 듯한 지나친 산문화 내지는 시어詩語와 상의 빈번한 충돌, 시적 화자의 불분명한 모습과 조악한 문체 등등의 염려스러움과는 극명하게 대조를 이룬다는 점에서도 시조의 내일은 밝고 긍정적이라 해도 절대 과언이 아니다.

이러한 오늘의 시조가 그 무엇보다도 먼저 해결해야 할 점은 '시조가 시이어야 한다는 필요조건과 시이면서 시조이어야 한다는 충분조건을 모두 갖추어야만 한다'는 사실이다. 여기에 더하여 형식 면에서 지금까지 그 주류를 이루고 있는 연작連作보다는 단수에 더 치중할 필요가 있다는 점이다. 그리고 사설시조 문제는 일단 별개로 이 자리에서는 언급하지 않기로 한다.

그러면 새삼스럽게 왜 단시조인가 하는 문제는 곧 시조의 세계 문학화와의 연관성 때문이라고 말할 수 있다. 아무래도 연작 형태는 시조 본래의 특성과 고유의 가락을 집약하기에는 늘어지는 긴장 이완 현상을 피할 수가 없다. 따라서 세계문학에 시조가 깊이 각인되기 위해서는 단수 절창이어야 함은 두말할 나위가 없다. 이와 곁들여서 생각할 또 하나의 문제는 복잡다기한 오늘의 현실을 단시조로 담아내기에는 그 그릇의 한계가 있지 않겠느냐는 아주 잘못된 편견이다. 첨단과학의 광활한 우주 시대일수록 인간 정신의 정수인 시는 더더욱 압축될 필요가 있는 것이다.

이러한 생각의 연장선상에서 세계의 문학에 시조가 한국 문학의 대표성을 띠고 보다 널리 알려지기 위해서는 단수가 곧 시조라는 등식이 그 어느 때보다도 절실한 시점에 이르렀다는 점도 간과해서는 안 될 것이다.

하느님도 때로는
현기증이 나시는지
만상萬象이 토해내는
어지러운 시위示威에

오늘 낮
큰 붓대 들어
수묵화를 그리셨다

    －「설경雪景」 전문

　박자방 시인의 첫 시집『내 꽃의 열매는 나다, 오늘』에는
수록 작품의 거의 절반 정도가 여기 처음으로 인용하는「설
경」과 같은 단시조들로 꾸며져 있어서 일단은 주목을 끌게
하였다. 눈 내린 날의 풍광을 '하느님'이 '큰 붓대를 들어 /
수묵화를 그리셨다'고 표현한 종구終句는 분명 새로운 반전
을 보여준 한 예가 된다. 이 밖에도「고드름」「고목」「황혼
」등등의 단시조들이 단수 특유의 시적 긴장과 압운을 잘
담아내고 있었다. 한 편을 더 옮겨 읽어 보자.

　온몸에서 눈물 빠져나와
　저리, 마른 몸 되었으리

가지마다 수액 빨아내어

저리, 뒤틀린 몸 되었으리

암癌까지

속살 파먹어도 버티어내는

뿌리

아! 울. 엄. 니.

  ― 「고목」 전문

  사모곡思母曲도 이쯤 되면 아픔을 넘어선 아름다움이 선명
하다. 그리고 이 작품에서도 종장 종구 처리가 아주 이채롭
다. 이처럼 박 시인은 단시조에 나름대로의 두드러진 작시
태도를 보여주고 있었다. 거듭되는 얘기가 되겠지만 시조는
단수에서 그 진가를 발견하게 되고 또 작품의 성패도 바로
결정지어진다고 해도 과언이 아니다.

2.

  필자는 몇 년 전 오랜 문우인 소설가 황충상黃忠尙 형이 주
재하는 문예지 『문학나무』에 한동안 시조 관련 평문을 쓴
적이 있었다. 그때 같은 지면에 발표된 아래 인용한 작품을
읽게 되면서 처음으로 박 시인을 만나게 되었는데, 물론 얼
굴은 모른 채 작품으로의 첫 만남이었다.

시장터 한 모퉁이
뻥튀기 기계 앞에

오뉘 같은 초로의 내외
풍구를 돌린다

양 귀에
바늘 끝같이
긴장이 몰려들고

뻥! 하고 쏟아지는
벚꽃 같은 강냉이에

먼 산의 나무들도
뻥! 뻥! 꽃잎을 터트린다

비로소
뻥튀기 하는
4월 산을 보았다

— 「4月 산」 전문

결론부터 말하자면 '비로소 / 뻥튀기 하는 / 4월 산을 보았다'라는 두 수 종장 대목에서 참으로 오랜만에 신선한 한 파격을 만난다는 통쾌감을 감출 수 없었던 것이다. '시장터 한 귀퉁이 / 뻥튀기 기계 앞에 // 오뉘 같은 초로의 내외 / 풍구를 돌리는' 우리 주위의 낯익은, 그러면서 범상치만은 않은 풍경 도입은 하나도 특별할 것이 없다. 그런데, '뻥! 하고 쏟아지는 / 벚꽃 같은 강냉이에 / 먼 산의 나무들도 / 뻥! 뻥! 꽃잎을 터트린다'는 긍정적인 삶의 넉넉한 감정의 품을 드러내 보여주기도 한다. 그리하여 그는 자연의 나이에 〈꽃의 나이〉를 얹는, 그렇게 함으로 해서 지극히 섬세한 예지를 드러내 보여주는 경이와도 친화를 갖게 되었다. 긍정적인 삶의 넉넉한 감정의 품을 드러내 보여주기도 한다.

이런 생각의 연장선상에서, 시적 화자의 삶이 결코 범상치만은 않은 한순간을 보여주고 있는 작품 한 편을 더 옮겨 읽도록 한다.

잡초 속에 한 줄기 뻗은
호박잎을 들췄다

아, 하고 가슴에서
휘파람 소리 절로 났다

배 불뚝 누런 호박이

세상모르고 자고 있다

살기까지 느끼며

뽑아내던 잡초들도

때론 이렇게 누군가의

보호막이 되는구나

가만히

내게 물었다

잡초만큼은 되느냐고

― 「잡초」 전문

잡초와 누군가의 보호막 설정을 통해서 자신을 되돌아보게 되는 시인의 마음은 여러 가지를 연상하게 한다. 우선은 일상의 그냥 지나쳐 버릴 수 있는 순간을 놓치지 않고 잡아채는 시인의 예리한 눈을 엿볼 수가 있다. 그리고 평범함 속에서도 때로는 어떤 삶의 작은 이치 터득을 찾아낼 수 있다는 한 예를 환기시키고 있음도 매우 흥미로웠다. 그래서 그의 시조가 음풍농월의 흔한 여타 시조들과는 확연히 구별된다는 것을 각인시키는 좋은 예라고 할 수 있겠다.

3.

   몇 해 전 어느 모임에서 평소 필자가 존경하는 시인 황명걸黃明杰 선배가 자신이 거주하는 양평에 박자방이라는 시인이 살고 있는데, 내 말을 하더라며 기회가 되면 같이 한번 만나자고 지나가는 이야기를 한 적이 있었다. 그러고는 한참의 세월이 지난, 올 새해 벽두에 그 박 시인의 전화를 받았다. 첫 시집 해설을 부탁하기 위해서였고 우리는 처음으로 인사동에서 만났다. 새삼 인연의 소중함을 생각하며, 바로 그곳 양평을 노래한 시 한 편을 더 옮긴다.

   뉘라서 붓끝으로
   양평을 그렸을까?

   태초의 고요 속에
   아련히 산이 뜨고

   에돌아 산허리 품고 흐르는
   강물, 그 은린銀鱗의 미소

   시샘 없이 서로 푸른
   하늘과 땅 사이

백로 한 쌍 펼쳐내는
춤사위 속에

연꽃은 또 쉬임없이
피었다 지고 피고

한 호흡 따라 차오르는
달디 단 생기生氣 속의

나, 그런 양평에서
살아가는 중이다

단 한 번
허락된 삶을
살고 있는 중이다

　－「양평에서 살기」 전문

양평은 서울 근교에서 한강을 끼고 있는 가장 아름다운 곳
이다. 북한강과 남한강이 만나는 두물머리의 거기, 그의 표
현처럼 '그 은린의 미소'가 반짝이는 곳이다. 인용한 시「양
평에서 살기」외에도「수종사 다실水鐘寺 茶室에서」와「용

문산 반딧불이」 등을 통해 시인이 살고 있는 고장에 대한 애정과 소회를 그리고 있었다.

박시인은 요가를 하는 명상가라고 한다. 그래서일까,「명상」이란 작품에서 '가지 친 균열들이 번뇌처럼 무성한 / 내 마음 그릇엔 흙탕물이 일렁거려 // 한번도 / 본성本性의 달이 / 떠오른 적 없었다'라고 술회하고 있다. 또한「어스름, 꽃으로 피는」이란 작품에서는 '오래 묵었던 감정 절로 삭아 내려가고 // 무엇이 들어와도 다 소화해 낼 것 같은 // 어스름 / 이즈음이사 / 내 삶의 꽃이러니'라고 하여 긍정적인 삶의 넉넉한 감정의 품을 드러내 보여주기도 한다. 그리하여 그는 자연의 나이에「꽃의 나이」를 얹는, 그렇게 함으로 해서 지극히 섬세한 예지를 드러내 보여주는 경이와도 친화를 갖게 되었다.

끝으로 꽃과 관련한 아름다운 단시조 한 편을 더 옮겨 읽어 보자.

은하 너머 맑은 밤의
낙루落淚로 한을 씻고

보라색 저고리 옷섶

단아하게 여미는

꽃에게

내 나이 없었어요

예순 살로

피던데요

    －「꽃의 나이」 전문

  그렇다. 시인의 나이는 뻥튀기하는 4월 산의 벚꽃과같이 발랄하기도 하고, 예순이란 숫자에 꽃을 얹어 그 향기로 셈하기도 한다. 이러한 셈법이 아주 잘 짜여진 시조에 녹아들어 있으니 그 향기와 아름다움이 더 짙고 화사한 것이라 믿는다. 그리하여 이미 박 시인이 터득한 '내 꽃의 열매는 나다'라는 사실에 힘을 보태어 줄 필요가 있겠다는 생각을 결론처럼 토로하면서, 그의 첫 시집 읽기가 아주 즐거웠다고 여기 적어 축하한다.

타임머신을 타고 오간수다리로 간
박자방의 청구영언

양재일(시인, 시 전문지 시인정신 발행인)

청마 유치환 선생이 이승의 소풍을 끝낼 때까지 20여 년간 수천 통의 연서戀書를 보내며 사랑했던 시조시인 이영도의 오빠 이호우 시인은 시조「개화〉에서 "꽃이 피네, 한 잎두 잎./한 하늘이 열리고 있네.//마침내 남은 한 잎이/마지막 떨고 있는 고비.//바람도 햇볕도 숨을 죽이네./나도 가만 눈을 감네."라며 생명 탄생의 절정에서 오는 경이로움과 신비감을 노래했습니다.

대학 시절, 존경하는 은사 양주동 선생님은 영시英詩 강독시간에 꽃의 개화를 시샘하는 꽃샘추위의 밤에는 담요를 두르고 꽃 옆에 붙어 서서 거대한 우주의 자궁 속에서 피어나는 생명 탄생의 진통을 지켜보라고 했습니다.

시인의 눈이 아니면 가능할 수 없는 모색입니다. 그렇습니다. 시인은 일반인들이 무심히 지나쳐 버릴 수 있는 미물微物의 현상에도 포커스를 맞추어야 합니다. 그러기에 시인은 꽃이 피어나는 순간을 위해 하늘도 땅도 숨을 죽이게 하고 시적 화자인 시인 자신도 눈을 감고 생명 탄생의 절정에 숨이 멎어버립니다.

박자방 시인의 눈도 예사롭지 않습니다. 필자는 그녀의 시조를 읽으면서 그녀의 작품들이 일상과 사물의 솜털 하나까지도 놓치지 않은 성스러운 태교胎敎의 산물임을 뭉클하게 느낄 수 있었습니다.

자신의 번뇌는 물론 삼라만상의 번뇌까지도 옹송거려 기어이 사리舍利로 만들어버리고 마는 해탈解脫의 시詩, 그 여운은 첫사랑의 어깨에 처음 팔을 두르던 날 내 오른손 중지에 닿던 우두 자국처럼 지워지지 않고 있습니다.

나는 왜 그녀의 시조에 뭉클해하고 있을까요? 미물에게서도 긍휼矜恤함을 놓치지 않으려는 섬세한 감성의 눈과 부모님으로부터 물려받은 언어의 연금술이 그녀의 작품을 남다르게 하고 있기 때문입니다.

제대로 된 시인은 미물微物마저도 긍휼함으로 바라보는

애련哀憐의 눈이 있어야 하며 그런 눈으로 발견한 소재들을 시답게 창조하는 천부적인 수사修辭 기교가 있어야 합니다. 이런 면에서 볼 때 박자방 시인은 축복받은 시인입니다.

책을 사기 위해 일주일에 한 번은 양평 산골에서 서울로 상경하는 필자는 지난봄 신설동 동묘 벼룩시장 초입의 헌책방에서 이영도의 고향 후배이자 문학의 제자인 시조 시인 박옥금이 쓴「내가 아는 이영도 그 달빛 같은」이란 책을 발견했습니다.

이산가족을 찾았을 때의 느낌이 이런 걸까요? 전철을 타고 동묘에서 양평 산골까지 오면서 황진이와 매창을 잇는 이영도, 그 달빛 같은 여인의 시조를 필자는 황진이의 무덤에서 술잔을 올리고 울먹이던 백호 임제의 가슴으로 읽었습니다.

"청초 우지진 골에 자난다 누엇난다 홍안은 어디 두고 백골만 누엇나니 잔 잡아 권할 이 없으니 그를 설워 하노라" 백호가 황진이를 본 적이 없듯이 필자도 이영도를 본 적이 없습니다. 인생은 짧아도 문학의 향기는 영원하기 때문입니다.

책장을 넘길수록 무엇인가 쉽게 잡히지 않는 닮은꼴 같은 것이 자꾸만 오버랩 되어 왔습니다. 며칠을 궁리한 끝에 필자는 그 닮은꼴의 실체를 박자방 시인의 시조에서 찾을 수 있었습니다.

이영도, 박자방 두 분의 시조에서 나타나는 닮은꼴은 엄격한 정형률과 직설적으로 드러나는 주제의 교훈성을 일탈해 보려는 파격破格이었습니다. 필자는 기존의 질서를 뛰어넘은 용기 있는 파격이 시조를 현대시에 접목하려는 노력이었으며 이로 하여 시조라는 짧은 글의 격이 한결 높아졌다고 평가합니다.

어떤 분야에서든 파격은 제삼자들의 답답했던 숨통을 트이게 하고 콧노래를 부르게 하는 일이지만 창작을 하는 이들에겐 기존 질서를 넘어야 하는 모험이며 두려움입니다.

고전주의에서 낭만주의로 가는 길은, 엄격한 3.4(4.4)조의 가사歌詞에서 가사보다 조금은 운율이 자유로워진 시조로 가는 길이나, 평시조의 중장에서 파격을 시도한 엇시조를 처음 쓴 사람은 얼마나 외롭고 무서웠겠습니까? 이런 면에서 두 분의 파격에 필자는 경의를 표하지 않을 수가 없습니다.

파격이 얼마나 자유롭고 아름다운가를 보기 위해 수백 년 전 정월 대보름날의 청계천 오간수다리 위로 타임머신을 타고 가 보겠습니다.

엄격한 클래시시즘classicism의 유교 국가에서 남자가 아닌 아녀자들이 집을 벗어나 오간수다리로 달구경을 간다는 것은 지구가 평평하다고 믿는 교황의 권위 앞에서 지구가 둥글다고 말하는 갈릴레이처럼 불경이었습니다.

그런데 이 나라 조선에서는 국법인 경국대전을 하루쯤 감추어버리는 가슴 넓은 나라님의 성은이 있어 지금의 동대문쪽 청계천 위에 놓인 오간수다리에서 아녀자들도 달구경을 할 수 있게 되었습니다.

중요한 것은 춘향과 이몽룡 또래의 이팔청춘들이 모이는 달밤에 왜 눈맞는 청춘들이 없었겠습니까? 그래서 부부가 서로의 얼굴도 모르고 결혼하던 시대에도 연애결혼은 있었습니다. 이 몽상적인 파격처럼 박자방 시인의 파격은 어떤 맛을 날까요?

지금 이 땅에는 함량 미달의 시인들이 컨베이어에 실려 쏟아져 나오고 있습니다. 이들이 쏟아내는 조악한 언어의 조립에 절망한 독자들은 시를 떠나버렸습니다.

법정 스님께 수천억의 재산을 보시布施한 기생 김영한은 시인 백석의 애인이었습니다. 이 소식을 듣고 그 유명한 영국의 '더 타임스'지의 기자가 김영한에게 아깝지 않으냐고 물었습니다. 김영한은 망설임 없이 수천억 재산이 백석의 시 한 줄보다 못하다, 라고 명쾌하게 말했습니다.

위의 두 이야기는 시를 쓰는 시인들이 왜 독자들의 가슴을 뭉클하게 하는 시를 써야 하는 이유이며 시의 힘이 얼마나 위대한가를 말하고 있습니다.

필자는 파격을 극복한 박자방 시인의 시들이 시를 떠났던 사람들을 제자리로 돌아오게 하리라 믿습니다. 앞에서 말했듯이 미물도 어여삐 여기는 감성의 눈과 시를 더 시답게 하는 언어의 연금술, 그리고 조물주가 여자를 만드실 때 심장 어딘가에 몰래 꽂아놓은 모성애의 칩이 있기 때문입니다.

이영도 시인이 황진이와 매창을 있는 시조의 명인이라면, 박자방 시인도 절차탁마의 노력이 있다면 그런 기회가 있으리라고 믿습니다.

한 인간이 창작한 고뇌의 산물을 어줍잖은 언어로 포장한다는 것은 모독입니다.

끝으로 독자들에게 어머니를 소재로 한 두 분 시인의 절창을 한 편씩 소개하며 이 글을 맺으려 합니다.

이 글의 공허한 부분은 독자들이 채우리라 믿습니다. 그것이 두 분 시인이 시조에 현대시를 접목하려 했던 이유이기 때문이며 필자의 일방적인 해석보다 독자에게 해석의 기회를 주는 것이 제 나름의 파격이기 때문입니다.

우러르면 내 어머님
눈물 고이신 눈매

얼굴을 묻고
아, 宇宙이던 가슴

그 자락
鶴같이 여시고, 이 밤
너울너울 아지랑이

　　　　　-이영도의 「달무리」 전문

새벽달도 몸 시려서 웅크리던 그맘때쯤
야윈 어깨 이울도록 홀로 짐을 다 지신 채

한평생
살얼음 위를
걸으시던 어머님

호롱불 너울 아래 고독한 밤 태우실 제
헤진 맘 한 땀 한 땀 정성으로 꿰매시며

당신은
그 많은 한을
고이 접어 누비셨네

지난 세월 멍든 가슴 한숨으로 풀리리까
늦깎이 철이 들어 피울음을 토합니다

이제는
효도의 날, 씨줄로
속옷 지어 드리리다

　　　　　　　　-박자방의 「사모곡」 전문